# ÁNGELES DE LOS ELEMENTOS

illia en conversaciones con Seraphim

Corrección de textos del idioma:

Carolina Ríos Pizarro

# Los elementos en conversaciónes con Illia

Bienvenidos a mi mundo mágico, donde mantengo conversaciones con mi yo superior/alma, el arcángel Seraphim. Él es el ángel guardian de los musulmanes, al igual que en el cristianismo tienen al arcángel Miguel.

Y mi alma de la misión de mi vida Osiris, que me envía a viajes a través de la tierra para limpiar la energía negativa y ayudar a los muertos a volver a casa después de las guerras.
Y para hacer la unidad de nuevo en la naturaleza, y también crear  líneas alrededor de la tierra, para mantener la tierra en su órbita oval en nuestro universo alrededor de nuestra estrella el sol. Osiris también me lleva a viajar con mi conciencia a diferentes universos.

(Osiris era un dios egipcio que aterrizó en el desierto de Egipto en un OVNI procedente del planeta Sirio, y dice que fue hace unos 8000 años).

Todo lo que aparece en el libro son conversaciones grabadas con mi teléfono.
Elijo usar letra normal para mis palabras, **y uso negrita para las palabras de mis almas y los Elementos.**

Las conversaciones se transfieren directamente al libro tal y como me lo piden mis almas, por lo que puede ser posible que puedas sentir su energía detrás.
A veces dicen nosotros, nosotras y vosotros.


**Experiencia**
**Viaje a otra realidad a través del corazón de Osiris.**

Se me muestra una gran explosión.
¿Qué es Osiris, es "El Big Bang" lo que veo?

**Eso es, querida.**
**Ahora vamos a viajar a otra realidad, Illia, en la que no has estado antes, pero no tengas miedo porque allí no hay nada peligroso.**
**Es simplemente muy hermoso, Illia.**

Gracias, Osiris.

Veo que nos acercamos a una niebla. Una masa rosada y brumosa.

Es como si me derritiera en mi cuerpo. Como si mi cuerpo cayera en su lugar, en un nuevo lugar.

**Aquí la realidad es puro amor, Illia, nada más que puro amor.**

¿Me estoy volviendo una con la luz Divina del amor que he visto?

**Ahora estás en ella, Illia.**

Hay muchos aquí, ¡es mágico!
Tan extraño, como si cada uno estuviera en su pequeña célula de amor.
Y el amor aquí es tan fuerte, que transforma mi cuerpo, Osiris.

**Saluda a todos los que te rodean, Illia, los reconocerás.**

¿Lo hago, Osiris?
No, ahora habla Seraphim.

**Los reconocerás, Illia, son tus hermanas y hermanos en otras realidades.**

Oh, ahí veo a Araka la reina elfa.
Hola querida amiga, querida hermana.

**He estado esperando a que vinieras aquí y te hicieras
una conmigo.
Soy sólo otra parte de ti.**

¿Lo eres, Araka?

**Eres nuestra gran diosa, Illia, eres el arcángel Serafín,
lo sabes. El más grande de todos, y somos uno contigo.**

Me cuesta macho entenderlo, Araka.

**Puedo entenderlo, Illia, tiene muchas facetas, ya ves.
Hay una realidad multifacética aquí con nosotros, pero
todos somos seres separados.**

¿Quién está en la siguiente burbuja, eres tú, Fria?
Ángel del aire, ¿estás bajo Seraphim?

**Todos los elementos están bajo Seraphim, Illia.**

Oh, te veo, Fria, ángel del aire, tu hermoso cabello
largo y suelto. Que hermoso.

Razul, ángel de la tierra, también está ahí.
Oh Dios, que fuerte es esto, Osiris.

**Lo sé, Illia, necesitabas esto, para subir más alto.**

Hola Razul y hola Ea, y la diosa de la luna Serafa,
también. ¿Hay alguien más que quieras que vea?

**Es suficiente por ahora.**

Gracias, querido Osiris, gracias querido Seraphim. Es
muy fuerte, me siento sacudida y llena de amor en lo
profundo de mi corazón ahora.

**Podemos entender eso querida Illia, es importante que
entiendas lo importante que eres, ves.**
**Tú mantienes unido todo el universo más cercano Illia,
ya que eres el arcángel Seraphim.**
(Cuando nacemos en un cuerpo femenino, nuestro
yo/alma superior suele ser masculino, a menos que
hayas elegido experimentar el desequilibrio siendo gay
o lesbiana, u otras formas de género. Y es lo contrario
con un cuerpo masculino, ángel femenino. Yin y yang
en el mismo ser).

# Angeles de los elementos

29-8-21

Comienzo ahora la canalización del libro "ANGELES de los ELEMENTOS" donde canalizo a los seres espirituales/ángeles de todos los elementos:

Tierra – Razul

Agua – Ea

Aire – Fria

Fuego – Arakto

# Razul

## Ángel de la Tierra

Mi alma, el arcángel Seraphim me dice que debo empezar el libro con el ángel de la Tierra. Siempre he pensado en el ángel de la tierra como femenino, Yaya, y entonces la llamo diciendo en voz alta, ¡querida Yaya!

De pronto siento una fuerza muy fuerte y justo delante de mí se para un gran ángel masculino. Dice en voz alta

**¡Mi nombre es Razul!**

Me sobresalté mucho ante la potencia de su voz, que era increíblemente fuerte.

Saludo ángel de la tierra, Razul, ¿qué te gustaría compartir con nosotros sobre tu ser?

**Quiero compartir con vosotros el ser de mi conciencia, y ser un cuidador, el que cuida de la tierra como planeta y conciencia en su posición en el univers''**

Eso suena emocionante, Razul.

**Quiero decir que la existencia es algo que nos conmueve profundamente. Ser un ser en el todo, en la totalidad del universo es una experiencia mágica.**

¿Cómo sientes esa experiencia, Razul, qué puedes decirnos al respecto?

**Lo siento como un flujo de amor y emoción, en mi conciencia.**
**Siendo uno con todo, pero sin dejar de ser la tierra.**

Tuve que parar después de una breve canalización, fue una transformación muy fuerte cuando Razul utilizó mi voz, ¡así que sólo lo logre tres minutos!


30-8-21
Razul dice que ahora estoy más abierta, así que estoy canalizando realmente bien. Y cuando habla con mi voz, es como si oyera su voz en todo mi cuerpo, en todas mis células.

A los otros ángeles los oigo en mi corazón, ¡pero oigo su voz en todo mi cuerpo! Llena toda la habitación en la que estoy sentada y toda la zona que me rodea con su poderosa energía.

**Soy el más grande de la tierra. Soy la conciencia del elemento tierra. Como una gran bola consciente floto en el universo.**
**Y es una bola mágica, un planeta mágico, que se compone de muchas conciencias en su ser.**
**Todo es una unidad, ya que experimentas que todo es DIOS.**

Se vuelve muy fuerte cuando usas mi voz, Razul, se estremece todo mi cuerpo.

**Sí, eres una maestra fuerte, Illia.**

Gracias, pero no puedo sentirlo del todo, Razul, pero estoy trabajando para sentirme de mas valor, sentirme lo suficientemente buena. Pero aún quedan restos de mis limitaciones e inferioridad.

**Toma parte de mi energía, Illia, y así desaparecerá.**

Ahora mi espalda se irritó muy fuerte y es incómodo. Nunca me había pasado así tan fuerte en anteriores curaciones durante una canalización.

Esto es fuerte, Illia. Mi elemento es un ser en movimiento, es movimiento continuo como toda otra energía y la conciencia es movimiento constante hacia algo nuevo.

La gente está muy preocupada porque muchas razas están desapareciendo de la tierra, pero están llegando nuevas razas que no se han visto antes.

Porque hay nuevos cambios llegando a la tierra y también están llegando a vuestros cuerpos. Vuestros cuerpos también se renuevan junto con la naturaleza, pero tenéis que detener la contaminación.

Ya no podéis seguir así. Haced como Illia y comprad todo en una tienda de salud, champú y jabones para el cuerpo y la casa. Es importante, porque allí contaminan mucho, al agua y a la conciencia de la tierra.

Y el aire es importante, así que conduce el coche lo menos posible y coge el autobús.

El transporte público está pensado para salvar el medio ambiente, así que usa tus piernas y bicicletas.

Espero que la gente despierte y sea más consciente, y cuide no sólo su casa, sino todo lo que le rodea a su alrededor.

**Sí, Illia, todo está conectado como un todo.**

No mucha gente se da cuenta de esto, Razul.

**Y lo sentimos mucho, Illia. Pero está pasando ahora, ya lo ves. Cuando envías amor a la tierra todo el tiempo, la gente despertará más y más, Illia.**
**Porque ahora eres la maestra más grande de la tierra. Lo sabes, sabes que lo eres, pero te cuesta asimilarlo.**

No puedo, pero te oigo decirlo. Mi alma lo dice pero ser capaz de asimilarlo e integrarlo, Razul, es algo completamente diferente.
Pero este libro no se trata de mí.

**Sí, lo es, Illia, este libro es sobre ti y tu afinidad con los elementos.**
**Hablas con todos los elementos, Illia, así que se trata de tu vida junto a los elementos es lo que vamos a hablar en este libro.**

Bien, ¿hay algo más que quieras contarnos hoy?

Mucho más, Illia, mucho más.
Ahora estás soltando un poco más el control, Illia. Lo necesitabas, ya ves, porque todavía tienes un gran miedo a las autoridades y a lo espiritual que sigue atascado en ti. Está mejorando, pero pasará algún tiempo antes de que desaparezca por completo.

(De mi primer libro "Bullied into love", donde me cuentan que tuvieron que asustarme para que me alejara de mi vida espiritual cuando tenía dos años, porque sólo quería morir y desaparecer en mi dimensión paradisíaca.
Los maestros tuvieron que asustarme para poder sobrevivir y cumplir mi misión de vida).

Gracias. ¿Con qué te gustaría continuar la conversación, Razul?

El elemento tierra es un elemento mágico como los demás elementos, Illia. Es una sustancia en un nivel completamente diferente de los otros elementos, así como ellos son también una sustancia completamente diferente de nuestros otros elementos.

Noto que no estás acostumbrado a hablar físicamente, Razul, porque te cuesta utilizar mi voz y hablar a través de mí.

**Sí, es la primera vez que canalizo a un humano.**

Gracias, Razul, por confiar en mí. ¡Gracias a ti!

**Soy yo quien debe darte las gracias, Illia, por ser escuchado.**

Esto es tan fuerte, Razul, que estoy empezando a llorar mucho.

**Sí, sientes mi pena, Illia, de no ser escuchada por la gente que está destruyendo mi tierra.**

Oh, Razul, pero esto se está volviendo muy fuerte para mí, que debo parar.
**Lo entiendo, Illia, pero nos volveremos a ver pronto. Nos veremos en nuestra próxima llamada, pero estoy contigo todo el tiempo.**

¿Lo estás, Razul?

Lo estoy, Illia, estoy contigo todo el tiempo. Llevamos juntos mucho tiempo, todos los elementos están contigo todo el tiempo, Illia. Eres uno con nosotros, ya ves, a un nivel muy alto. En realidad, eres la única en la tierra que habla con nosotros, los elementos.

Siento tu curación, me arde dentro de todo mi cuerpo ahora, Razul.

Estoy quemando tus viejas limitaciones, Illia. Necesitas dejar ir todas las viejas limitaciones, querida maestra Illia.

Debo parar ahora, no puedo soportarlo más, ¡es muy poderoso!

Entiendo, hemos estado hablando durante 9 minutos. Eso está bien, gracias.
 ¡Gracias, Razul, me siento tan conmovido en todo mi cuerpo!

21-11-21

Como puedes ver, ¡mis canalizaciones han sido pocas!
Son cosas poderosas, y sigo huyendo mucho de mi vida
espiritual.

Ahora estoy de vuelta en La Gomera, España, y hoy
Razul canalizará más sobre su elemento.

Querido ángel de la Tierra Razul, ¿qué te gustaría
compartir con nosotros sobre tu ser?

La Gomera es un lugar fuerte, aquí puede pasar
cualquier cosa.

Vivo aquí en las montañas y cuento contigo para estar
conmigo.

Lo estoy, querida.

Empezaré diciéndote, Illia, que eres un medio muy
importante para nosotros los elementos.

¿Cómo seguirás contando hoy de tu elemento tierra,
Razul? Siento el amor que me das en el corazón,
Razul, cuando dices eso.

Eres un medio muy importante para comunicarle a los humanos quiénes somos realmente.

Por qué estamos aquí en realidad, por el bien de la humanidad.

Para que puedan conectarse con nosotros en diferentes niveles y realidades.

Eso suena muy bien, Razul. ¿Con qué quieres empezar, Razul?

¿Quieres empezar con la historia de la creación?

Sí, me gustaría.

La creación comenzó con las palabras de Dios, ¡DEJA QUE SEA!

Entonces las partículas comenzaron a juntarse.

¿Cómo se formó un planeta físico en relación con otros planetas?

Todos los planetas son físicos, pero usted vive en la realidad física de la Tierra. En otros planetas viven en otras realidades que existen específicamente para su planeta.

Entonces, ¿todos los planetas tienen realidades diferentes?

Todos los planetas tienen las mismas realidades que la Tierra, pero sólo aquí en la Tierra vives en la realidad física.

Vale, ¿entonces es sólo en el planeta tierra donde vivimos en la realidad física de entre todos los planetas?

Sí, en todos los demás planetas viven en realidades diferentes con las que no tenemos contacto aquí en la tierra.
Lo tienes, Illia, pero hay muy pocas personas que tienen contacto con todas esas realidades en la tierra.

Entonces, ¿quieres hablar de las realidades que existen aquí en la tierra?

Sí, me encantaría.
Hay muchas realidades en la Tierra. La primera es la física, y luego viene la realidad emocional, que todo el mundo conoce por los sentimientos.

Es la primera capa de tu aura, y la primera capa del aura de la tierra.

**Entonces, ¿esa es la capa emocional en la que vivimos los humanos?**
**Lo es.**

¿Cuál es el siguiente nivel?

**El siguiente nivel es la realidad de los pensamientos, que está más lejos de lo físico. Es el siguiente nivel de conciencia.**

Entonces, más allá de eso, Razul, ¿qué hay más allá de la realidad de los pensamientos?

**Está la realidad etérica.**
**La realidad etérica también tiene sus dimensiones.**

¿Qué quieres decir con eso, Razul?
Las diferentes realidades también tienen sus diferentes dimensiones de realidades, ¿es eso lo que quieres decir? ¿Tantas realidades en cada dimensión? ¿La dimensión del pensamiento tiene muchas realidades diferentes?

Vaya, qué fuerte oír eso.

Lo sabemos, no mucha gente ha oído hablar de esto, ya sabes.

Siguen hablando, Razul, de que hay otra vida dentro de la tierra.

Sí, la hay, Illia, pero aún no hemos llegado allí. Nos quedamos en la superficie ahora; llegaremos allí de a poco a través del día.

Será fuerte, Razul.

Será una nueva revelación para todos ustedes comprender las realidades aquí en la tierra.

Es muy emocionante, Razul, lo estoy deseando.

Ahora vamos a empezar con la realidad del pensamiento interno.

¿Qué quieres decir con eso, Razul, el origen de la creación del pensamiento?

Así es.
Creamos todo con nuestros pensamientos, pero no sabemos de dónde viene la energía creativa.

Vale, eso es lo que querías decir. ¿Qué más quieres decirnos sobre las dimensiones en la tierra?

La Tierra es un lugar donde todas las dimensiones se encuentran en diferentes realidades.
Tenemos la dimensión del pensamiento, la realidad del sentimiento y las realidades espirituales etéreas.

Allí están divididas por diferentes realidades en las diferentes dimensiones.

¿Tiene que ver con el elemento tierra, Razul?

Es importante saber cómo es la tierra, en todos los niveles.

¡Recibo ahora una curación muy fuerte de ti, Razul!

Mi curación es fuerte, Illia, la necesitas, lo entiendes. Para conectar plenamente con la madre tierra, necesitas mi energía y curación.

Me gustaría hablarte de las limitaciones que enfrentamos aquí en la tierra en esta dimensión del ser físico.

El ser físico aquí en la tierra es muy limitado, pero podemos elegir estar en el ser celestial en la tierra. Depende realmente de cada uno en lo que queramos enfocarnos.
Eso os lo han dicho vuestras almas, ¿verdad?

Así es, Razul.

Tenemos que elegir, todo es siempre una elección. ¿Vas a elegir estar en la parte primitiva de la madre tierra, vas a elegir estar en la madre tierra de la emoción y el dolor?
¿O vas a elegir estar en la madre tierra del amor? Entonces encontrarás muchas realidades en un nivel completamente diferente al físico.

Qué fuerte, creo que primero escribiré esto. Luego pasaremos a cada dimensión por turnos...

Está bien, querida, porque mientras canalizas recibes una sanación muy fuerte de mí.

Muy fuerte, Razul, todo mi cuerpo está temblando. Gracias por ahora, Razul.

26-11-21

Empecé a hablar de dimensiones y realidades en la tierra, y ahora continuaré.

Hay muchas realidades en la tierra que los humanos no experimentan, las cuales tu has experimentado mucho Illia.

Pero aún hay más que no has experimentado, Illia.

¿Es así, Razul?

Oh, si Illia, hay muchas dimensiones en la tierra, muchas realidades.

Empezaré por la realidad emocional, que es la más cercana a la corteza física.

La realidad emocional es el concepto de las emociones, como sabemos, el dolor también está en el cuerpo emocional, junto con las emociones.

Allí también hay muchas realidades.

¿Qué realidades son, Razul?

Realidades de seres que te ayudan a experimentar el dolor. Ayudándote a sentir lo que estás a punto de aprender, de dolor y emoción.

¿Te refieres a las que se cuelgan en nuestra aura, que debemos experimentar para convertirnos en lo que se supone que debemos convertirnos.
¿Y experimentar lo que se supone que debemos experimentar?

**Así es, querida.**

Bien, ahí es donde están.

**Hay tantas capas sobre capas que nos crean para convertirnos en lo que vamos a ser en esta vida. Pensamos que nos hemos creado a nosotros mismos, que somos un ser independiente.
Pero solo somos cascarones vacios cuando no estamos en unidad con el alma.
Entonces se nos dan pensamientos y creencias en nuestra aura, que nos darán cualidades y personalidad.**

Sí, creo que he limpiado cientos, Razul.

**Sí, probablemente lo hayas hecho, Illia, ya no quedan tantos contigo.**

En realidad no, llevo mucho tiempo limpiando. Fue en febrero de 2020 cuando me enteré de cuántas almas muertas se han quedado en nuestra aura.

Quiero preguntarte algo, Razul, ¿hay también diferentes cosas que pueden desencadenarnos en esa realidad de sentimientos?

**Absolutamente, Illia, hay muchos seres diferentes allí.**

Así que ahí es donde están, en nuestro campo de energía de sentimiento.

**Ciertamente es así, Illia.**

¿Has terminado de hablar del plano emocional?

**Sí, Illia.**

¿Qué sigue, Razul, el aura del pensamiento/campo energético?

**Será, y en el aura de pensamiento también es el mismo estilo.**

Los mismos seres de energía que se cuelgan y te dan pensamientos que experimentarás, para convertirte en quien serás en esta vida.

También están los que nos mantendrán alejados de la luz, ¿verdad Razul?

Muchos seres te mantendrán alejado del camino de la luz, porque se alimentan del miedo aquí en la tierra.

Por eso es importante ser muy observador de tus pensamientos. Descubrir cuales son tus pensamientos es muy importante.

Sí. ¿Hay algo más en la realidad del pensamiento, Razul?

También hay muchas dimensiones en la realidad del pensamiento, Illia. Pero lo más importante que hay que hacer con los pensamientos es oír y escuchar, y descubrir cuáles son tus propias verdades y cuáles proceden de tu aura.
Eso es muy importante.

¿Hay algo más, Razul, que quieras que sepamos?

Sí, también hay una capa de historia que se puede escuchar y recibir.

Por eso es importante conocer tus propios pensamientos.

Lo que es historia y lo que existe en el aquí y ahora, tu propia historia.

¿Hay otras realidades ahí, Razul?

No, estas son las tres realidades: tus pensamientos, los pensamientos de los demás y los pensamientos de tu historia.

Es muy importante saber lo que piensas, qué pensamientos llevas contigo desde que naces, cuáles son los tuyos y no los de otra persona que entran en tu aura.

¿Cuál es la siguiente capa entonces, Razul, es la capa etérica?

Es la capa etérea espiritual, Illia, y aquí también tenemos muchas dimensiones, ya ves.

¡Vale, me da mucha ilusión oírlo, Razul!

Sí, espéralo, Illia.

Aquí, en la primera capa, hay duendes y elfos.

Así que esa es la primera capa de lo etéreo, vale.
Estoy pensando en la primera capa, con duendes y elfos. ¿Están ahí para estar con nosotros y ayudarnos?

¿Y cómo podemos tratarnos con los duendes y los elfos, Razul?

Sólo quiero que sepas que están ahí para ti. Están ahí para apoyarte y ayudarte en muchos niveles, mucho más de lo que crees.
Tú, Illia, te has encontrado varias veces con elfos y gnomos, así que tú sabes que existen.
Lo has experimentado tan claramente sin haberlos buscado, pero han venido y se han mostrado ante ti, Illia.

Sin duda, muchos momentos mágicos.

**Los ángeles son la siguiente capa, Illia.**

Sí, he visto muchos ángeles de diferentes formas, colores y realidades, iba a decir.

Algunos son muy, muy grandes y llenan grandes salas, mientras que otros tienen un tamaño más normal. También pueden ser más pequeños. Los ángeles que he visto de otros planetas son más pequeños.

**Pero hay ángeles en otra realidad, Illia, como el ángel de Osiris, Ammari. Es bastante pequeña y azul, pero más grande que los humanos normales.**

Sí, lo es.
Esto es muy emocionante, Razul. ¿Así que los ángeles están en la esfera de la tierra, la realidad etérea de la tierra?

**Lo están, Illia, todo existe en las esferas de la tierra.**

¿Hay algo más ahí fuera, qué hay ahí fuera, extraterrestres?

**No, los extraterrestres pertenecen a otros planetas, y vienen de visita.
La tercera esfera contiene las esferas de los seres de luz.**

¿Están fuera de los ángeles?

Eso es querida, las bolas de luz que ves son personas muertas que siguen en la esfera terrestre.

Porque no quieren seguir adelante, o están aquí para ayudarte.

Entonces esas bolas de luz llamadas orbes, ¿son gente muerta?

Podrían serlo, pero también podrían ser de otros planetas que vienen aquí.

O de el otro lado viniendo a ayudarte.

¿Cuál es la siguiente capa entonces, Razul?

Entonces no hay más capas ahí, Illia. Habrá capas hacia adentro, dentro de la corteza terrestre.

¡Sí, mucha gente se pregunta eso, Razul!

Lo sabemos, Illia, has oído que hay vida dentro de la tierra, y es verdad. Pero no vida física, Illia.

No, yo tampoco esperaba eso, Razul, dentro de la tierra al rojo vivo.

Hay otras realidades, no es sólo una realidad al rojo vivo dentro de la tierra.

No es sólo lava líquida ahí dentro, también hay otras
realidades dentro.
Y una realidad, Illia, es una realidad angelical que está
dentro de la tierra, ya ves.

¿Hay una realidad angélica dentro de la tierra?

Sí, pero los humanos han creído que hay gente común
dentro de la tierra, pero no existe ahí dentro. Hay una
realidad angélica ahí dentro, ángeles terrestres que
viven dentro del campo energético de la tierra.

Vaya, ¿hay más capas ahí?

Tienes a los trolls, Illia, a los que tanto quieres y con
los que tienes contacto.

Sí, son encantadores.
Nunca olvidaré al trol que vino a visitarme cuando
estaba en el tren de Bergen.

¡Corría! ¡Un gran montón de piedras corriendo junto
al tren y hablándome!
Me dijo: ¡He oído hablar de ti!

(Eso fue porque estaba hablando con dos trolls en el tren de camino a Bergen.

No acababa de creérmelos y pensaba que eran almas muertas del tren que me hablaban.

¡Pero cuando vino corriendo! Bueno, entonces tuve que darme cuenta de que existen).

Fue una experiencia totalmente surrealista, Razul.

**Sí, pero son nuestros amigos, ya sabes.**

Sí, pero hay tantas historias tristes y aterradoras escritas sobre trolls, tan tristes.

**Sí, harán cualquier cosa para asustarte y alejarte de lo natural, ya sabes.**

Sí, lo sé, Razul.

¿Hay algo más que quieras contarme sobre las esferas de la tierra, Razul?

**No, es suficiente por hoy, Illia. Es suficiente por hoy.**

¿Hay más que eso, Razul?

**Mucho más, Illia, a un nivel totalmente diferente del que conoces.**

Qué emocionante.

¿Siento, percibo dragones dentro de la tierra?

**Hay dragones en la tierra, Illia.**

¿Lo hay, Razul?

**Realmente es así, junto con los ángeles. Pero en una realidad/dimensión ligeramente diferente a la de los ángeles, están los dragones, Illia.**


29-11-21

La última vez llegamos hasta todo lo que vive dentro de la tierra, Razul. ¿Te gustaría decir algo más sobre eso quizás?

**Mucho más.**

Quiero hablarte de las dimensiones dentro de la tierra, donde viven las conciencias. No físicas, sino otras realidades.

Toda la parte inferior de mi cuerpo está temblando, Razul.

**Estoy curando tu chakra raíz, Illia.**

Hoy empezaré con la primera capa después de la lava.
La primera capa de masa sólida.

¿Qué clase de seres viven allí, y en qué realidad viven?

Viven en una esfera de unidad con el Todo, con las montañas, la lava y todo lo que hay en el reino mineral.

¿Tienen alguna forma propia?

Tienen forma propia, querida, pero no es tan evidente.
Como viste en Sirio con Osiris.
Flotan como un cuerpo pero sin piernas ni manos.
Pero con un cuerpo con una cabeza encima. Como una masa mineral, no líquida sino etérea, masa mineral.

(Yo fui en un viaje de conciencia con Osiris, el alma de la misión de mi vida, al planeta/estrella Sirio.
Allí flotaban en una masa azul etérea. Y todos eran azules, incluso los ángeles. Del libro "Planetas y Realidades").
¿Qué hacen allí, tienen una misión para estar allí?

**Su misión es asegurarse de que la lava no fluya cuando no debe, Illia.**

¿La gente que vive ahí dentro tiene nombre?

**Son Sorotianos.**

¡Sorotianos!
Emocionante, Razul. ¿Cuál es la siguiente capa?

**La siguiente capa es un vacío.**
**Una cavidad entre esta capa y la siguiente.**
**Una cavidad donde viven como elfos, trolls y goblins.**

¿Los elfos, goblins y trolls también viven dentro de la tierra?

**Están en un nivel diferente al de los que viven en la superficie de la tierra, Illia.**

Tal vez debería haber pensado en eso, ya que los que están en la tierra son visibles para los que ven y creen en algo más.

**Así es, querida.**

¿Qué tipo de vida tienen, tienen un cuerpo?

**Tienen un cuerpo en un nivel espiritual, como los ángeles tienen cuerpos, querida.**

En cierto modo son seres angelicales dentro de la tierra, como los elfos, los gnomos y los trolls?

**Son querida, pero menos fisicos, de forma mas etérea. Viven en una capa diferente, como si estuvieran por encima de la tierra y dentro de la tierra también. Lo etéreo está ahí, tienen sus propios cuerpos pero aún así están en el mundo espiritual angélico.**

Entonces, ¿hay un nombre especial para ellos?

**No, tienen los mismos que en la tierra, elfos, gnomos y trolls.**

Entonces tienen una forma más etérea que los que he conocido.

**Así es.**

Bien, ahora estoy realmente emocionada por el siguiente nivel.

Puedo entenderlo, Illia, el siguiente nivel es mágico, ya sabes. Es casi físico, Illia.

¿Lo es?

Sí, es un cruce entre lo que estás experimentando aquí y el reino de las hadas.

¿Podría ser casi físico allí?

Puede, Illia, pero es físico en un nivel diferente al que estamos físicamente acostumbrados.

¿Qué quieres decir, Razul?

Viven en una masa, como una masa holística.
En cierto modo se te ha mostrado que cada uno tiene su pequeña burbuja.
Puedes ver su esencia, pero no tienen forma propia.

Bien, ¿como las células que vi en la Luz del Amor Divino?

Así es.

¿Pero cómo funcionan si son sólo una forma celular en la Unidad? ¿Es así, querido?

**Así es. Es más físico que en el reino angélico, sin embargo tienen menos forma.**

¿Cómo los llamas, entonces?

**Seres en esencia física.**

¿Entonces son seres en esencia física, no manifestados físicamente quieres decir?

**Así es.**

¿Era la última capa antes de la corteza?

**Lo es, querida, y hay otras.**
**Además, los ángeles que mantienen unida la tierra trabajan en un nivel para mantener unida la tierra.**

**Ahora están trabajando duro entre La Gomera, El Hierro y La Palma para crear una nueva tierra, Illia.**

Se ha sabido que al final habrá nueva tierra y una gran isla.

**Illia, será, pero tardará muchos años.**

Gracias, Razul. ¿Has terminado de canalizar el elemento tierra?

**Lo estoy, Illia.**

Gracias, Razul.
Oh, ¿eres tú quien quiere darme las gracias?

**¡Eres la primera en escucharme, Illia!**

Oh Dios, tu curación es muy fuerte, Razul.
¡Lo siento mucho en los chakras hara y raiz!

**Te estoy curando ahora, Illia.**

Puedo sentirlo, Razul. Muchas gracias.
¿Viene Ea como el siguiente elemento, Razul?

**Lo es, buena suerte con Ea.**

Gracias querido Razul.

## A Razul

Te conocí Razul ángel de la tierra.
Me sobresalté, porque estaba segura de que
la tierra era femenina.

Pero allí estabas ante mí ángel Razul y me lo dijiste
claramente con tu energía.
tu no
eres femenina
eres puro poder masculino, no
femenino.
Gracias por protegerme donde  Sea
que yo vaya.


¡Gracias!

# Ea

## El ángel del agua

Mi primer encuentro con Ea fue cuando me mudé a Kråkerøy en 2001. Oí hablar de Smertudammen, un hermoso estanque lleno de lilas, cerca de donde vivo. Una tarde, cuando estaba sentada mirando el agua y saludando a Smertudammen, veo un ángel danzando que flota sobre el agua hacia mí.
Fue una experiencia muy mágica y hermosa, Ea. Reconozco el estado de ánimo de la experiencia cuando escribo sobre este nuestro primer encuentro, querida.

Otra experiencia con el agua fue cuando estaba en el avión de regreso a casa desde La Gomera hace un año. Le pregunté a Seraphim si podía hacer algo ahí, sentada en el asiento de la ventanilla del avión.

Seraphim dijo:
Envía amor y hazte uno con las nubes, y el amor lloverá por toda la tierra.

Pero Seraphim, yo sólo vuelo sobre una pequeña parte del Océano Atlántico.

Recuerda, Illia, que Ea/agua tiene memoria.
Así que cuando envías amor a las nubes, tu gran poder de amor se esparce en toda el agua de la tierra, y en los cuerpos de las personas también.


29-11-21
Mi primera conversación con Ea

Querida Ea diosa del agua, ¿tú también tienes diferentes realidades y dimensiones como Razul?

Por supuesto que sí, Illia.

Qué emocionante, estoy deseando escuchar tu historia sobre tus realidades y dimensiones, Ea.

Soy ante todo agua, en todos los niveles y en todos los lugares.

¿Tienes diferentes realidades en tu agua?

Hay muchas realidades en el agua, un tipo de agua está dentro de vuestros cuerpos.
En vuestra sangre y en todos vuestros músculos y tejidos.

Ahora te siento en todo mi cuerpo, te siento en toda el agua de mi cuerpo.

Ahora estoy moviendo tu agua querida, así que puedes experimentarme en un nivel diferente al que estás acostumbrada.

En realidad, he estado un poco miedosa por nadar en ti, Ea. Estaba tan débil después de enfermar, antes de empezar a canalizar los libros. Por eso no he podido luchar contra las olas.
Así que he estado cerca de ahogarme dos veces.
Especialmente en Creta hace dos años. Si esa pareja no hubiera pasado por la playa justo en ese momento me habría ahogado.
Y eso me hizo temer tu poder, querida Ea.
No tenía el contacto contigo que tengo ahora.

**Estaba contigo, y te habría protegido, ya ves.**
**Seraphim es mi maestro, Illia.**

¿Lo es?

**Seraphim es el líder de todos los elementos, Illia, aquí en la tierra. Mientras esté en la tierra contigo, es el líder de todos los elementos y de todos los ángeles.**

Eso fue muy fuerte de escuchar, Oh, siento temblar por todo mi cuerpo, Ea.

**Ahora estoy en tu sistema sanguíneo, Illia.**

Vaya, puedo sentirte fluyendo a través de mí.

**Estamos muy agradecidos de que sepas de nosotros y nos hables, querida.**

Sí, Seraphim me lo ha dicho.
Dijo que soy el primer humano aquí en la tierra que habla contigo.
De persona a persona, quiero decir de persona a ángel.

**Estamos muy agradecidos por eso, Illia.**

Debo decir que encuentro muy especial el poder hablar contigo. No sabía que era posible hasta que empecé a hablar con Vileda.
Fue ella quien me abrió a los elementos, Ea. (Vileda es el ángel del sol).

**Lo sabemos todo, nos dijo, ¡que ahora podemos hacerlo!**

¿Ella lo hizo?

**Sí, lo ha hecho.**

Qué bonito.
Fue en las montañas de Soria en el "jardin magico airb&b" de Fernando en Gran Canaria, España.

**Eso fue todo querida, y después de eso ha sido un viaje mágico contigo, querida.**

¿Lo ha sido? Me alegro mucho de oírlo. Me conmueve mucho cuando dices eso, porque siento que tocas toda el agua que hay en mí, querida.
Una experiencia muy grande y hermosa.

Cuando miro el agua ahora, Ea, veo un gran cuerpo.
Es un poco extraño pensarlo, pero debes ser un ángel
muy grande.

**No soy un ángel tan grande, Illia, pero estoy en toda
el agua.**
**Mi conciencia está en toda el agua. Aunque
tenga mi propio cuerpo angelical, mi
conciencia está en toda el agua.**

Comprendo, querida, que tú estás en toda el agua.
Cuando te vi, eras del tamaño de un ángel normal,
que cubre un salón de baile.

**Estoy en conciencia como Araka.**
**Araka, la reina de los elfos, está en todas las plantas
de la tierra.**
**Entonces ella tiene su planta favorita en la que ha
fijado su residencia, en esta vida aquí.**
**Ella eligió la hortensia trepadora.**

¿En cuál dimensión de tu agua has elegido para estar
en esta vida, querida Ea?

**He elegido estar en el océano, Illia.**

*¡Entonces veo tu cuerpo de conciencia como toda el agua a la vez!*

**Así es, querida, la totalidad es mi conciencia.**
**El océano necesita nuestra energía ahora.**

*Sí, ciertamente la necesita, con toda la contaminación que estamos haciendo.*

**Sí, son buenos en eso, cuando no estás en tu corazón, ya sabes.**

*Es muy triste.*

**No te entristezcas Illia, ellos no saben más, ya ves.**

*No, lo sé, querida.*

**Aún no están preparados para seguir ese camino.**
**Algunos sí, pero no muchos, querida.**

*Me gustaría que todos lo estuvieran y se preocuparan por hacer algo bueno por la Tierra.*
*Imagina lo bien que podríamos vivir todos juntos.*

Lo entiendo, Illia, pero no es así.
Aún no es el momento, pero se acerca muy
rápido el momento, ya lo ves.

Sí, está sucediendo muy rápido ahora.

Muy rápido Illia, mucho más rápido de lo que
piensas, ya ves.

Eso es bueno, he estado tan preocupada.

Tus preocupaciones han terminado, querida.

¿Así que ya no debo preocuparme por la tierra?

Como ya sabes, Illia. Cuanto más te preocupes,
haces más cosas para preocuparte por la tierra.
Deja de preocuparte ahora, en lugar de eso debes
pensar que todo está bien.

Gracias querida, suena bien.
Elijo creer que puedo hacerlo, querida.

Te sentirás mucho mejor cuando dejes de preocuparte, querida.

Eso es bueno, me alegra oírlo, Ea.

Esa fue una dimensión tuya, Ea, estar en los océanos.
¿Qué quieres contarnos ahora?

Me gustaría empezar con el agua etérea, Illia.

¿Qué se entiende por agua etérea?

El agua etérea, Illia, está en un nivel completamente diferente de lo que tú sabes que es el agua.
El agua esencial es un ser en el agua, en los océanos.

¿Te refieres a los que viven en el mar?

No, el agua misma.

Entonces, ¿cómo voy a experimentar el agua etérea?

**Es una masa de amor, Illia, una masa de amor.**

**Véanlo como un ser, el ser de la conciencia en toda el agua.**

¿Te refieres a la conciencia del agua? Pensé que eras tú, Ea. No entiendo bien.

**No importa, querida, lo entenderás de todos modos, ya ves.**

Gracias, querida, es bueno oír que lo hago.

**Ciertamente lo haces, querida, estás con nosotros todo el tiempo, Illia.**

Me alegra que sigas pensando así. No siento que haya estado tanto contigo últimamente.

**Estás con nosotros mucho más de lo que crees, Illia.**

Así que es la conciencia en el agua misma que es el agua etérica, que es entonces una dimensión en el agua.

¿Es la memoria en el agua en lo que estás pensando, querida?

**Lo es, querida, el agua tiene memoria, ya lo has oído.**

Sí, muy emocionante.

**Así que toda el agua recuerda todo lo que le ha pasado.**

Ahora siento corrientes de energía desde el agua hasta mi cuerpo aquí estoy sentado junto al mar y hablando contigo, Ea.

**Ahora está bailando para ti, Illia.**

Sí, puedo sentirlo, puedo sentirlo bailando en todo mi cuerpo, querida. Aquí me siento y miro las hermosas olas bañando la arena.

Era la conciencia en el agua, que no eres tú pero sigues siendo tú.

**Soy yo, pero en otro nivel, Illia.**

Ahora lo entiendo, Ea.

Oh, ahi te veo, Ea, un gran angel bailando sobre el agua frente a mi.
Oh Dios, que hermosa eres, me pongo a llorar porque es una experiencia tan increíble querida Ea.
Estoy tan agradecida de que existas. Me gusta mucho mirar y escuchar el agua, el agua es mágica.

Me me tocas muy fuerte ahora Ea.

**Tú has llegado a un nivel muy especial ahora Illia.**

¿Qué nivel es ese, Ea?

**Es la conciencia del ser, dentro del mismo ser.**

¿No entendí eso, Ea?

**Bueno, tú eres consciente de que existes, así como la conciencia del agua es también consciente de que es un ser en el todo.**

¿No eres tú entonces, Ea?

**Una parte de mí.**

Eso es poderoso, Ea.
Así que el agua es consciente de que está presente y de que es agua, ¿quieres decir?

**El agua es consciente de su existencia en el Todo.**

¿En nuestros cuerpos y en todos los estanques, lagos y océanos?

**Sí, Illia.**

¿Puedes explicar de otra manera que todo es conciencia?

**Esto es conciencia dentro de la conciencia, Illia.**

Conciencia en la conciencia de que hay agua, y existe en todas partes?

**Así es, querida.**

Bien, eso es muy poderoso.
¿Hay más sobre el agua que quieras contarme, Ea? ¿Hay más dimensiones de las que quieras hablarme?

**Sólo quiero decirte, Illia, que el agua ama a la madre tierra.**
**Al agua le encanta tocar vuestros cuerpos. El agua ama estar en ti, Illia, en el amor divino de todo en todo.**

Oh, tan fuerte, Ea.

**Con su sonido, el agua intenta crear mejores sentimientos para ti todo el tiempo.**
**Te da mejores versiones de lo que estas pensando y sintiendo, todo el tiempo.**

**Reflejate en la superficie del agua, y el océano te reflejará algo bonito de vuelta que es bello, considerado y amoroso.**

Gracias, querida.
¿Terminaste, Ea?
Realmente me has tocado ahora, Ea. De una manera muy especial.

Hablé antes con el hermano mayor Jesús y me dijo que no tenía que tener miedo de ahogarme. El dijo que mis almas me llevarán y que tu harías tu cuerpo/agua sólido por mi bien.

**Me gustaría hacer mi cuerpo más firme por tu bien querida, para que puedas pisarme. Eso me gustaría.**

Me alegra oirlo, me alegra mucho oirlo querida Ea.
Muy bonito, gracias por nuestra mágica conversación, Ea.

**Gracias a ti, querida, que deseas escucharme.**

Me gustaría escuchar mucho más, querida.


**2-12-21**

Querida Ea, realmente me pregunto sobre el hecho de que cada gota de agua es también un ser, o conciencia. ¿No es así, Ea?

**Ciertamente lo es, Illia, es la conciencia dentro de la conciencia, lo que acabamos de canalizar, querida.**

**Son células de luz divina en todo lo que es, así que todas las gotas de agua son también células de luz de amor.**

Así que esa es la conciencia de amor-luz que está en toda el agua, en todas las gotas de agua. Como Leo, el que me ayudó a escribir el primer libro, ¡me dijo que jugara con las burbujas de jabón al lavar los platos!

**Así es, Illia, hay muchas maneras de ser agua.**

Me gustaría conocer todas las formas de ser agua, Ea.

¿Cómo puedes explicar la estructura molecular del agua, por ejemplo?

Cómo estáis formados, sois todos seres de luz, son pequeñas gotas de agua.

**Así somos nosotros querida, somos como esos seres de luz cuando viste la luz de amor de Dios, ya sabes.**

¿Quieres que comparta la experiencia que tuve, Ea?

**Por supuesto, Illia, se necesita explicar a la gente en que consiste todo, sabes.**

¡Gracias por estas canalizaciones contigo, querida Ea!

**Experiencia**

Un día en 1998 fui a fisioterapia psicomotriz, para ayudar a mi cuerpo a soltar viejas tensiones de traumas.

Surge un fuerte sentimiento, de que no merezco el amor de DIOS.

Siento que tengo unos seis años y se de donde viene este pensamiento/sentimiento.

Cuando era niña iba a la escuela dominical cerca de donde vivía, y el cura nos hacía sentir como pecadores.

Esto me horrorizaba y decidí caminar los pocos kilómetros hasta casa, y lavarme el cerebro para quitarme esta falsedad.

Allí me dije: por supuesto que no hay que ser ni hacer nada especial para merecer el amor de Dios, ¡es para todos!

Al acercarme a donde había estado la escuela dominical, vi dos grandes manos en el aire que revelaban una luz dorada.

Vi que esta luz de amor es TODO lo que existe.
Siempre he pensado que el asfalto impide respirar
a la madre tierra, ¡pero el asfalto también fue
creado por esta luz de amor!
El aire también ha sido creado por la luz del
amor, así que respiramos amor con cada
bocanada de aire que tomamos.

Vi pequeños arco iris en la luz y me sonrieron. No
me he sentido deprimida ni triste después de esta
experiencia.
En 2020, le pregunté a mi alma quiénes eran los
pequeños arco iris y me dijo:

Somos nosotros. Cuando terminamos nuestros
viajes en planetas y realidades, regresamos y
volvemos a formar parte de la luz del amor.

# EA

Sentada en unidad con el océano, sintiendo
las olas venir.

Sentir cómo las gotas de agua tocan y
acarician las rocas,
la arena y nuestros cuerpos.

Las gotas de agua esperan ansiosas su turno,
bailando sobre las rocas y la arena.

Como hadas bailando en la puesta de sol, llegan
a la orilla y vuelven a salir, para dejar que la
siguiente ola venga y baile en la playa.

El agua nos ama y forma parte de nosotros.

# Fría

## Ángel del aire

Nos vemos querida Fría
delante de mí

con tu larga cabellera suelta, estás flotando en el aire delante de mí mientras me siento aquí.

3-12-21
Fria quiere que canalice sobre sus dimensiones, seres y elementos.
Bien querida Fria, ¿estás lista para compartir tu sabiduría conmigo?

Lo estoy, querida.
Te agradezco que me quieras escuchar.

Qué bueno oírlo, querida.

Será emocionante hacer un libro juntas.

¿Qué quieres decirnos, Fria?
Tu elemento también está hecho de realidades y
dimensiones, ¿no es así Fria?

**Así es, querida.**

¿Con qué realidad quieres empezar, Fria?

**Empezaré por la capa de aire sin movimiento.
Aire estancado.**

¿Qué quieres decir con aire estancado, Fria?

**Me refiero al aire que simplemente está ahí, sin
movimiento, Illia.
Está dentro de tus pulmones, dentro de tus vasos
sanguíneos.**

Sí, claro.
Así que aire que no se mueve por la fuerza.

(Tuve que hacer una pausa, me interrumpieron.)

7-12-21

Querida Fría, habias empezado a hablar del aire estancado.

Algo más que quieras decirnos acerca del aire estancado?

**Sí, Illia, hay muchas capas de aire estancado.**

¿Las hay?

**Sí, querida, y la primera capa está, por supuesto, dentro de vuestros cuerpos. Luego va hacia el exterior, pero vuestra piel también está llena de oxígeno.**

**Tu piel respira, y siempre te has dado cuenta de eso, Illia. Porque no te gusta llevar demasiada ropa, no te gusta ponerte loción.**

**Es porque sientes que me impides estar en tu piel.**

¡Qué fuerte que lo sepas, querida Fría!

**Siempre he sentido que respiramos a través de la piel.**

Ciertamente lo hacemos, querida.

Cuando salimos de ella, entramos en la verdadera dimensión física. Allí el aire se convierte en algo completamente diferente, ¿no crees?

Así es Fria. ¿Es aire en movimiento entonces?

Lo es, querida, pero no vamos a ir allí todavía. Vamos a quedarnos con el aire inmóvil.

Quiero decirte que hay mucho más aire en las cosas de lo que te puedes imaginar.
El aire está en todas partes en la tierra y dentro de la tierra.

¿Es así, Fría? No lo sabía.

Sabes que hay aire en los cristales, aire en las montañas, en las masas y en la arcilla.

Sí, ¿entonces eso es aire estancado?

Eso es, querida.

Pero, ¿qué es ese aire, y qué más quieres contarnos sobre el aire estancado?

Ese aire de ahí es mágico, Illia.

¿Lo es?

Sí, porque contiene mucho de la historia. El aire dentro de los cristales, Illia, contiene mucho que ya no existe, de antes de los tiempos. Contiene la historia, Illia, puedes leer la historia en el oxígeno, el oxígeno en las cosas.

Vaya, qué emocionante.

Sí, ya ves, que podrán leer la historia en el aire con el tiempo, ya ves. Basándose en las moléculas y átomos que se encuentran en el aire quieto. Entonces aprenderán mucho sobre la vida anterior en la tierra.

Suena emocionante, pero Fria, ¿estás en todas partes o sólo dentro del aura de la tierra?

**Sólo estoy dentro del aura de la Tierra, Illia.**

Vale, entonces el elemento aire sólo existe en la tierra.

**Así es, querida.**

Por supuesto, no tienen oxígeno en ningún otro lugar.

**No, no lo tienen, hay más masa etérea en otra parte, Illia.**

Es verdad, es que no había pensado en eso, Fría.

**Solo en la Tierra hay aire. Fue creado para que podáis vivir con vuestros cuerpos aquí, ya sabes. Me gustaría contarte un cuento de hadas, Illia. El cuento de hadas sobre la creación del aire en la tierra, ya ves.**
**Sobre el aire estancado, antes de que se pusiera en movimiento.**

Suena emocionante.

Así que la tierra es como una célula, ¿no?

**Lo es, querida, y el oxígeno existe en toda la célula. Desde la membrana.**

Todos los planetas tienen su propia esencia con la que respiran.
Y tienen su propia membrana celular, también dentro de su propia membrana celular.

**Así es, querida.**

Es especial pensar en esto.
Que somos células en un cuerpo. ¿Y de quién es el cuerpo en el que todos somos células?
¡Es tan fuerte que no me atrevo a pensarlo!
Me hizo pensar pensamientos extraños, Fria.

**Puedo entenderlo, querida. Dios es grande, sabes.**

Hey, estoy empezando a entenderlo ahora. No puedo pensar en ello, estamos en el tema de aire ahora.

(¡Tuve una experiencia en los 90 en la que se me ocurrió que todos somos células manifestadas por el pensamiento de Dios!)

Dentro de la tierra antes de que el movimiento existiera todo estaba quieto, Illia.
Sin movimiento en el todo.

Dime más, Fria, ¿quieres usar mi voz o te es más fácil hablar a mi corazón?

Mucho más fácil, Illia.

Bien, entonces diré tus palabras en la grabación de nuestra conversación.

Te diré que hay mucho más oxígeno de lo que crees.
Hay capas de átomos, en diferentes niveles en el aire.

¿De cuántos átomos y moléculas está compuesto el aire?

No vamos a entrar en eso aquí, Illia. Es demasiado químico y físico.

Te diré que el oxígeno está formado por muchos componentes que los científicos desconocen. Está a un nivel diferente al físico, y los científicos no lo ven, Illia.

No, supongo que no.

Hay un nivel de magia que el aire puede crear, ya ves.

¿Qué?

El aire crea todo el tiempo querida, tú no lo sabías, por eso has pensado tan negativo sobre el aire.

Como la contaminación y todo eso, pero el aire tiene su propio poder creativo, ves.

Lo tiene, es mágico.

El aire tiene su propio poder creativo, Illia.
Porque puede crear exactamente lo que necesita,
para el bienestar de la tierra y de sí mismo.

Vaya, siento que creas armonía en el oxígeno de
mi cuerpo, Fría. Siento la curación que me das
ahora, muy fuerte.
Oh, querida Fria, te siento curando todo el
oxígeno de mi cuerpo.

Es amor puro, tu oxígeno.
En el oxígeno de tus células, ahora eres amor
puro.

Gracias, Fría, por la curación mágica.

Habrá más, querida.


9-12-21
Querida Fría, ¿quieres contarnos algo más sobre el
aire estancado en la Tierra?

Te diré que es muy mágico, el aire estancado dentro de las cosas.

Toda la historia desde el origen de la tierra esta ahi.

Emocionante, Fria. ¿Estás lista para pasar a la siguiente, o hay algo más que quieras contarnos sobre el aire estancado?

Hay más querida, hay mucho más sobre el aire estancado. A un nivel completamente diferente a los otros niveles.

Vaya, de repente dejó de soplar, ¡qué extraño!

Fuimos interrumpidos, y me detengo ahora porque siento que no lo logro ahora.

Entiendo, querida.


27-4-22

Ha pasado mucho tiempo desde la última vez que

hablamos, Fria. He huido de las canalizaciones
contigo, Fria.
Me asusté cuando la tormenta desapareció de
pronto y nos perturbó.

Querida Fria, querías contarme más sobre el aire
estancado en otros niveles del ser. ¿De qué nivel
del ser se trata?

**Hay niveles en los que todo está en unidad con un
ser que sólo existe en el aire estancado.**

Sí, ¿pero no eres tú, Fria?

**Sí, pero yo en otro nivel de la realidad. Un
nivel donde existimos solos, sin estar en
conexión con nada más.**

¿Qué quieres decir? No lo entiendo.

**Es estar en otra existencia, como estar en el
presente con el todo en el Todo, en la esfera del
aire quieto.**

No me dice nada, Fría.

Entiendo, querida, pero intentaré explicarlo de otra manera.
El ser en el aire quieto es una sustancia, una masa de energía y creación.

¿Qué crea?

Crea los deseos humanos a realidad.

¿Y qué? ¿Dónde existe entonces el aire estancado?

Existe dentro de vuestros cerebros, y allí creáis deseos con este aire.

Eso suena extraño, querida.
Lo comprendo, pero ese aire os ayuda en la creación de vuestros pensamientos.

¿Cómo es eso?

Guardando vuestros pensamientos para siempre, querida, por eso es tan importante tener pensamientos buenos y constructivos.

¡Sí, es muy importante!
Vaya, nuestro cuerpo humano es muy complejo.

Sí, lo es, querida, mucho más complejo de lo que puedas imaginar.

¿Hay algo más que quieras decirnos sobre este aire estancado querida?
Me resultó un poco difícil entender que tu energía está involucrada en el almacenamiento de nuestros pensamientos.

¿Así que he liberado mucha de tu energía estancada, querida, a través de mi limpieza de viejas creencias/convicciones.

Ciertamente lo has hecho, querida, y a través de tu trabajo durante los últimos cuatro años me has ayudado a liberar a muchas almas de su masa de pensamientos.

Y estamos muy agradecidos por tu gran trabajo allí.

Piensa en todas las personas que has logrado transformar en almas.

Y toda esa vieja materia de pensamiento que has liberado, a través de la transformación con tu amor, de sus egos a almas iluminadas.

Entonces pienso, Fría, ¿a dónde va ese aire de energía-pensamiento a partir de ahí?

Entonces vuelve a mi elemento, todo aire.

¿Se convierte de nuevo en aire estancado o en movimiento?

Entonces se transforma en aire en movimiento, libre, libre de su prisión en la masa del pensamiento humano.

¿Qué entiende usted por prisión?

Los pensamientos estaban destinados a ir y venir, pero los humanos se han quedado completamente atrapados en las aberraciones del ego en sus mentes.

Así es como mi aire ha quedado atrapado en sus mentes.

Vaya, qué fuerte, Fría. Extraño pero también comprensible.

¿Qué sientes al estar prisionera en el cerebro de la gente?

Se siente encerrado, un estado antinatural para mi aire.

¿Lo notas de alguna manera?

Lo siento como energía paralizada en mi cuerpo. Como cuando bloqueas la historia en tu cuerpo, se ponen rígidos todos los músculos y las articulaciones.

¿Lo sientes como una molestia?

Incomodidad no, sólo estancamiento y mal aliento. Hehe.

Tienes sentido del humor, querida.

Sí, el humor es importante, ya sabes.

Sí, encantador con humor. ¿Cómo quieres seguir ahora?

Ahora quiero ir a otro nivel de mi existencia como aire.
Este es un nivel mucho más importante, en el que realmente dependemos de la gente para existir. Necesito su atención para poder prosperar y crecer.

Crecer, ¿vas a crecer?

Sí, todo se expande, Illia, a muchos niveles, ya ves.

¿En qué nivel estás pensando entonces, Fria?

Te hablaré de un nivel de mi aire que no sabes que existe.

Vaya, ¿qué nivel es ese?

Es el nivel de la creación de la eternidad.

Creación de la eternidad, no lo entiendo.

No es tan fácil de entender, Illia, pero me gustaría incluirlo en este libro mágico tuyo, querida Illia.

Esta creación en la eternidad trata de cómo las cosas llegan a existir en otras realidades aquí en la tierra.
Como has canalizado de Razul, hay muchas realidades en la tierra que los humanos nunca vivirán.
Estas son realidades más allá de la comprensión humana normal. Porque esto se trata de aire en otras formas de energía.

¿Así es que hay aire en un nivel diferente al aire que conocemos? ¿Es eso lo que quieres decir?

**Eso es, querida.**

Es especial hablar de esto, querida. Siento que algo pasa en mi cuerpo mientras digo esto y oigo tu voz en mi corazón.
¿Qué me estás haciendo ahora?

**Estoy intentando de que me sientas en otras realidades querida Illia.**

Soy incapaz de explicar lo que siento, ¡pero de alguna manera estoy cubierta de un aire diferente!
¿Me estoy explicando bien ahora, Fría?

**Lo estás, pero había una masa de aire a otro nivel envolviendo tu cuerpo, querida.**

¿Cuántos niveles de aire puedo llegar a sentir?

**Muchos, siempre que estés conmigo y te lo voy explicando en el camino.**

Entiendo, querida, fue una experiencia especial. Gracias por darme estas experiencias, querida.

¿Es esto lo que siento de la misma manera cuando otras energías desconocidas entran en mi aura? Pero esta energía no se siente peligrosa de ninguna manera.

**Así es, querida.**

¿Qué quieres decirnos ahora, Fría?

Lo que quiero compartir con ustedes ahora es otra realidad del aire que existe en la tierra. El aire que existe en tu ser.

¿Te refieres al alma en el corazón?

**No, Illia, tu alma del ego, situada en la parte posterior de tu cerebro y que domina tus deseos,**

como los deseos de supervivencia y otros tipos de deseos.

Es el aire de tu yo egoico, que está en los pensamientos y los deseos de tu ego.

Este es un aire muy comprimido y pesado que rara vez se libera, como lo que hablamos antes de que sale de los que tú liberas, Illia.

¿Era lo mismo que dijiste antes de que tenemos aire creativo en el cerebro?

No, no es lo mismo.

Es vuestro ego desde que fueron instalasteis en vuestro primer cuerpo como ángeles.

Ese aire estará ahí hasta que el ego se ilumine, y se haga uno con el alma.

Sólo entonces los viejos patrones de pensamiento de supervivencia, el viejo aire, serán liberados del cuerpo.

Lo que ocurre entonces es que todo el desarrollo sucederá mucho más rápido que antes, por lo que es muy importante iluminar el ego, Illia.

Los maestros te han dicho en tus libros anteriores lo importante que es darle amor al ego.

Y darle las gracias por mantenerte viva sin tener hambre ni sed y por la protección para la supervivencia de tu cuerpo.

Dándote sentimientos iguales a una vieja experiencia, para prepararte en el método de supervivencia.

Y esto es de lo que forma parte el aire viejo, del método de supervivencia del ego, porque toda la historia está almacenada en el aire.

El ego trae recuerdos en el aire a tus sentimientos y pensamientos, para recordarte que debes estar alerta, ya que puede ocurrir algo peligroso. ¡Es mi aire el que trae la historia al ego para que te advierta!

¡Qué fuerte!

¿Así es que tu aire forma parte del banco de recuerdos de nuestro ego?

Así es, querida.

Es tan extraño, pero cuando lo explicas, se vuelve comprensible. Pero nunca había estado en estas líneas de pensamiento antes.

No, es porque es algo nuevo, una realidad desconocida para la mayoría de la gente. Ahora quiero pasar al aire que respiráis en vuestros cuerpos físicos.
También es un aire mágico lleno de posibilidades que no conocéis.
El aire que respiráis también tiene historia con la que podéis conectaros a medida que se mueve hacia dentro y baja a vuestro cuerpo.

Oh, lo acabo de sentir, la conciencia en el aire que he respirado. Vaya, tan surrealista y mágico al mismo tiempo.
¿Qué podemos absorber de este aire?

Oh, siento que me llenas de ti, Fría. Y lloro porque libera algo viejo en mí.
¿Qué pasó, Fria?

Te entregué mucho amor querida, para que las viejas penas de amor de cuando eras niña se extinguieran para siempre.

Oh, fue tan hermosamente poderoso y enormemente liberador, querida Fria.
Ahora me siento más libre y liviana en mi cuerpo.
¿Puede todo el mundo pedirte una curación así, Fria?

Si pueden, querida, pero primero necesitan establecer una relación como tú lo has hecho, Illia. Necesitan saber que estoy ahí para todos, y que todos pueden hablar conmigo como lo haces tú, Illia.

Así que, por favor, hablad todos con los elementos. Somos ángeles como tú. Sólo que nosotros hemos elegido convertirnos en un elemento y tú has elegido un cuerpo físico en este despliegue de vida, en la realidad física.

Fue una experiencia muy fuerte, Fría. Siento que el aire que respiré con tu conciencia sigue trabajando en mi cuerpo.

Sí, querida, ahora estoy en camino desde los pulmones hacia tu corazón y hacia adelante con mi conciencia hacia las venas y los delgados capilares de tu cuerpo.

Siento cómo la curación se extiende hacia fuera y se acerca a mis pequeños capilares capilares de la piel.
¡Gracias, Fría, por una curación mágica que sigue y sigue en mi cuerpo!

Sí, ahora recibes mi curación más poderosa querida Illia, como agradecimiento por tu amor a mi elemento.

Oh querida, me siento tan conmovida por tu amor que me llena por dentro y por fuera, Fria. GRACIAS.

**Nos detenemos aquí hoy, querida. Acuéstate y siente mi amor por ti, Illia.**

Lo haré, querida diosa del aire.


## 28-4-22

Ayer recibí una muy fuerte curación. Hoy me siento cambiada, pero no puedo explicarlo.
¿Qué pasó Fría?

**Lo que pasó es que deseo tanto ayudarte, a que se vaya esa historia de angustia y sufrimiento de tu camino, de sintiéndote que no eres lo suficiente buena.**
**Así es que quemé tu vieja historia llena de tristeza por ti misma.**

Gracias Fría, estoy muy agradecida por esa sanación.
Ayer lo sentí muy profundo y dormí como una roca.

Hoy me siento relajada y cambiada, y no me reconozco porque mi estado de ánimo ha cambiado totalmente.

**Comprendo, querida, que hoy estés muy diferente y a muchos niveles.**

Antes, tenía siempre contacto con la energía Divina en mi corazón, ¡pero hoy siento contacto con lo Divino en todo mi cuerpo!

**Sí lo tienes, querida.**

Fue una fuerte curación la que me diste, Fría.

**Tú lo necesitabas, ya ves. Saqué mucho aire estancado de tu cerebro y de tu cuerpo, querida.**

Es bueno oír eso, querida.
¿De qué dimensión/realidad del aire quieres hablar hoy, Fría?

**Quiero hablarte de la realidad en la materia.**

¿De qué materia quieres hablarnos?

**La materia como parte de la totalidad del aire.**

Como la materia del aire, ¿es eso lo que quiere decir?

**Eso es, querida.**

Entonces, ¿qué quieres decirme al respecto?

**Quiero decir que la materia aire es una energía propia.**

¿Te refieres específicamente al aire, no al oxígeno, sino al aire en general?

**El aire en general, Illia, el aire en general también tiene una materia a un nivel diferente el oxígeno físico.**

¿Qué nivel es, Fria?

**Hay un nivel de creación en lo invisible.**

Entonces, ¿cómo se crea en lo invisible? No tiene nada que ver con nuestra dimensión física, ¿verdad?

Desde luego que sí, Illia, porque creas tantas cosas con la mente que no tienes ni idea de lo que estás haciendo.

Sí, es cierto.

Entonces, es muy importante saber que los pensamientos también crean en lo invisible.

No entiendo muy bien esto.

Cuando caminas y piensas y dejas que tus pensamientos tomen el control y los dejas seguir al unísono de tu mente, y los escuchas, entonces creas otras realidades en otros lugares. En otras dimensiones y realidades.

¿Lo hacemos?

Sí, son unos grandes creadores y por eso necesitáis saberlo.

Vaya, ahora me doy cuenta de lo importante que es dejar de escuchar lo que dicen nuestras mentes.

Muy importante, Illia, no podemos decir lo suficientemente seguido lo importante que es dejar de escuchar a la mente.
Es un tesoro que hay que ocupar, pero no escuchar, no es más que la misma historia repitiéndose, una y otra vez.

Eso es muy malo. ¿Puedes darnos un ejercicio, Fría, que facilite que la gente deje de escuchar a su mente?

Si, puedo hacerlo.
Me gustaría compartir un bonito ejercicio para que sea más fácil dejar de seguir a tu mente en lugar de a tu corazón.

**Ejercicio: "Cambiar tus viejas creencias"**

Siéntate con los ojos cerrados.
Saca a la luz un pensamiento con el que no estés contento sobre ti mismo, la gente o la vida.
Sea lo que sea.

Sí, te viene a la mente la sensación de que la vida es difícil.

Lo que sucede querida, cuando piensas el pensamiento de que la vida es difícil, entonces creas ese pensamiento en la realidad. En otro nivel, en otra dimensión.
La manera de no crear el pensamiento que viene, es borrar el pensamiento tan pronto como llega.
Para borrar el pensamiento, lo haces diciendo: Pero esto no es mío, adiós, adiós.

Oh Dios, sentí que me liberaba, de que la vida es dura.

Ves, Illia, te lo hemos dicho muchas veces, tanto tus almas como nosotros, sabemos que el camino sencillo es el mejor. Lo mismo de que  La magia es muy, muy simple, querida.

Lo mismo que hice esa vez cuando estaba sentada en el sillón, sentí un sentimiento de depresión en mi aura.
Entonces pensé; tengo algún motivo para estar deprimida ahora?
Yo no tengo hambre ni frío, estoy bien.
Entonces le dije adiós!
Me duró como 3 días y no volvió nunca más.

**Así puedes hacer lo mismo con tus pensamientos, Illia.**

Fantástico, Fria, qué mensaje tan grande y maravilloso.

**Es muy importante.**

Una experiencia mágica, querida.
Entonces es muy importante escuchar sin juzgar tu mente.

En realidad no, Illia, se puede hacer mucho más fácil. Cada vez que surja un pensamiento sobre ti, la humanidad o la vida, piensa si es algo en lo que tú quieres creer aquí y ahora.
Y si no lo es, entonces di: ¡éste ya no es mi pensamiento, así que adiós!

Vaya, me remezco en todo el cuerpo sólo de decir eso, Fría.

Es magia a alto nivel, Illia. Hay muy pocos que crean que puede ser tan fácil. Realmente es así de fácil, Illia.

Puedo sentirlo, han pasado muchas cosas en mi cuerpo.
Y he quedado quieta y comenzado a trabajar con todos mis pensamientos ahora.

Recuerda, Illia, que no puedes tomar demasiados a la vez, seis pensamientos al día es suficiente.

Gracias, me gustó mucho ese ejercicio, Fría.

Qué emocionante. Creamos lo que pensamos. Quizá no sea visible en nuestra realidad, pero sí en otras dimensiones y realidades no visibles para los humanos.

**Así es, Illia.**

¿Cómo podemos eliminar lo que ya ha sido pensado y creado?

**Es imposible, querida, porque ya ha sido creado.**

Entonces, cuando pensamos en guerra, ¿creamos la guerra?

**Ciertamente lo haces, Illia.**

Oh, Dios, eso es terrible.

**Sí, debéis tener mucho cuidado de cómo usáis vuestra mente, queridos.**
**Recordad que sois grandes creadores.**

Recuerden que todos ustedes son ángeles, creando todo; palabras, pensamientos y hechos. Y así creando hechos en otras dimensiones y realidades.

Así, que fuerte. ¿Quieres decir algo más, Fría?

**Esperaremos hasta más tarde, Illia, porque te pusiste muy conmocionada.**

Sí, me siento transformada, y es muy fuerte.

6-4-22
**Luna llena**

Lo siento Fría, pero he estado ocupada terminando el libro "Planetas y realidades".
Me dijiste que querías canalizar más, y me siento preparada, ahora que he enviado "Planetas y realidades" a la editorial.
La última vez me hablaste de algo que ocurre cuando me conecto contigo. ¿Qué ocurre entonces, Fría?

Lo que sucede, Illia, es que sanas y envías amor a todo el aire de la tierra y dentro de todos los cuerpos humanos, Illia.

Es tan grande que no sé si puedo entender lo poderoso que esto es.

Lo entiendo, querida, pero tú eres el maestro más grande en la tierra ahora mismo, lo sabes. Aunque te menosprecies, eres el mayor maestro de la tierra, Illia.

Me cuesta entender que lo que hago sea tan importante.

Es mucho más importante de lo que crees, querida. Estás curando la tierra con tu amor y llenando de ese amor todo el aire de toda la tierra y todo lo que respira aire, incluidos los seres humanos.

Me dijiste Fría la última vez, que podemos conectarnos con el aire que respiramos y tomar sabiduría de este aire. Podemos hacerlo sintiendo ese aire. ¿Podemos también pedir una respuesta a algo concreto?

Podéis, queridos, podéis pedir cualquier cosa, todo está guardado en el aire.
Toda la historia que ha habido en la tierra está guardada en el aire, que ustedes pueden bajarla cuando inspiras.
Sólo pide la sabiduría que quieras, y yo te la daré en el aire que respiras.

¿Somos capaces de recibirla Fria?
¿O la recibimos igual, aunque no estemos lo suficientemente conscientes para recibirla?

Igual recibirás lo que has pedido, pero puede que no lo comprendas con claridad.
Igual se quedará guardado en tu historia, como un recuerdo.

¡Qué maravilla! ¿Cómo quieres que nos centremos en el aire que respiramos, Fría?

Quiero que os concentréis en respirar conocimiento. El conocimiento total del planeta Tierra y su historia.

Todo está en nuestro aire, ves, todo está en el aire alrededor de la tierra. En el aire que respiras cada día.

Puedes tener contacto y recibir sabiduría deahí.

¿Cuál es la forma más fácil de recibir esta sabiduría, querida?

¿Debemos escucharla como pensamientos, sentimientos o imágenes?

Pueden ser las tres formas, depende de lo abierto que seas en esos diferentes niveles. Todo el mundo tiene habilidades diferentes; algunos oyen muy bien, otros ven, y algunos reciben imágenes. Así es que recibes lo que eres capaz de recibir, y tu cuerpo guarda lo que has pedido.

Suena mágico, Fría. ¿Hay algo más que quieras decirnos sobre el aire que respiramos?

Sí, es un aire mágico, Illia. Un aire mágico que contiene un poder natural que los humanos ni lo piensan, que el aire contiene esta fuerza vital. Y hay poder creativo en el aire, así es que estás respirando poder creativo siempre.

Vaya, qué emocionante. Entonces, ¿cómo podemos usar el aire para crear, Fria?

Puedes crear tu vida a partir de los recuerdos que están en el aire, pero también tienes que ventilar tu mente con aire nuevo que respiras, como has pedido.
Tal vez sentirás más amor en el aire que respiras. Y entonces eso lavará tu mente y le dará pensamientos más amorosos en lugar de suciedad vieja.

¿Es realmente posible, Fría?

Lo es, Illia, tú sabes que es mucho más fácil de lo que crees.

**Es la conciencia la que controla todo querida, la conciencia de lo que eliges.**

Muchas gracias. ¿Hay algo más que quieras decirnos, o has terminado con tu elemento, Fría?

**Sí, eso es lo último que quería decirte, querida.**

¡Gracias, querida Fria!

# Arakto
## Ángel del fuego

Sentado en el bosque, pensando en el libro en el que estoy trabajando en este momento, "Ángeles de los Elementos", y el último elemento es el elemento Fuego. ¿Quién es el ángel del fuego, Seraphim?

De repente, ¡veo un gran ángel delante de mí!

**"¡Mi nombre es Arakto!"**

Dice con una voz muy potente en mi corazón, tan fuerte que todo mi cuerpo salta por la curación que recibo cuando estoy en su campo de energía.

Cuando llegue a La Gomera, España, tendré otro encuentro con Arakto, el ángel del fuego.
He tenido problemas para canalizar los últimos meses, algo me perturba.

Ahora estoy lista para un nuevo encuentro con
Arakto.


**23-1-2023**

Hoy es luna nueva y empiezo a hablar con Arakto.
Me dice que él controla nuestro hara chakra, él
crea el poder, el fuego en nosotros.
La fuerza vital es parte del elemento de Arakto en
nosotros los humanos.
Me alegro para la próxima conversación con Arakto.


**4-2-23**

Sentado en el bosque escuchando el hermoso canto de
los pájaros y estoy lista para canalizar a Arakto.

Querido Arakto, ¿qué te gustaría contarme sobre tu
elemento fuego?
Nunca he leído sobre el fuego como elemento, y sólo
pienso en él como lava y volcanes.

**Quiero decirte que el elemento fuego es mucho más de
lo que crees que es.**

Me dijiste que tu elemento está conectado con nuestro hara chakra, que tú representas el fuego y la creatividad en el hara chakra.

**Así es.**

Dilo, Arakto.

**Soy un gran ángel, y tú lo has visto, Illia.**

Lo he hecho, Arakto, también te siento en mi cuerpo cuando usas mi voz.

**Te estoy muy agradecido por canalizar mi sabiduría, querida Illia.**

Yo te agradezco mucho que quieras hablar conmigo, Arakto.

**Recuerda, que hemos estado esperando tener contacto con la humanidad durante miles de años, miles de vidas.**
**Aquí ha sido demasiado primitivo para que esto ocurriera antes.**
**Ahora te contaré cómo funciona mi elemento.**

Gracias, Arakto.

El elemento fuego en la tierra se conoce mejor por la lava. Brota fuego, roca al rojo vivo en el interior de la tierra. Yo vivo dentro de la tierra.

Eso no es lo más importante de mi elemento, querida.

¿No lo es?

Mi elemento, el fuego, es el fuego en la gente. El fuego, la fuerza vital en las personas es realmente mi elemento.
También en los animales y los insectos.
En cierto modo, soy la fuerza motriz de las personas, de sus cuerpos físicos.

Nunca había oído hablar de esto, Arakto.

Por eso tu libro es muy importante, querida. Cuando canalizas nuestros elementos, puedes así conocernos de la manera correcta.

Muy agradecida por eso, Arakto.

Te diré que soy un elemento muy interesante.

Mi elemento pertenece a la ley de acción en el nivel mágico.

Vivo en la realidad de la magia todo el tiempo, Illia.

¿Cómo se crea el fuego con la magia?

Yo las creo con el elemento del fuego, lo que haces.

¿Qué tipo de acciones, Arakto?

Acciones en la vida. Yo soy la fuerza impulsora detrás de todo lo que te ocurre.

Fría ha almacenado tus pensamientos en el aire de tu mente, yo soy quien los saca a la luz. Yo soy la fuerza motriz de tu cuerpo.

¡Vaya! Tienes muchos niveles de existencia, ¿verdad?

Los tengo, querida.

¿Estás en un nivel dentro del cuerpo humano?

Emocionante, ¿verdad, Illia?

Sí, muy emocionante. Esta es una nueva sabiduría que nunca había oído antes.

**No, hay muy poca gente que sepa esto, Illia.**

Me estremece el cuerpo con la curación que recibo cuando usas mi voz.

**Recibes una muy fuerte curación de mí, la necesitas ahora, ves, a un nivel en el que nunca has recibido curación antes, sabes.**

Lo siento, está de una forma completamente diferente. Puedo sentirlo en mis músculos.

**Yo soy la fuerza motriz que hace que los músculos funcionen, querida. Que te impulsa hacia adelante, a la acción.**
**También la creación de viejas falsedades que has almacenado en tu mente con Fría, en el aire de tu cerebro.**

Eso fue duro de escuchar. ¿Hay algo más que quieras contarnos sobre el cuerpo humano?

No, hemos terminado en ese nivel ahora. Vamos a pasa¿r al nivel del pensamiento.

Tú también estás en nuestros pensamientos, Arakto?

Yo también soy la fuerza motriz de los pensamientos, no sólo la creación de pensamientos. También conduzco los pensamientos desde el aire de Fría en el cerebro hasta la acción.

¿Así es que eres la fuerza de acción de todos los seres vivos?

Lo soy, querida.

Oh, es tan poderoso.
Siento que te he estado extrañando dentro de mí toda mi vida, querido.

Lo sé, pero lo estás viviendo ahora, ya ves.

Mi cuerpo tiembla por la curación y el llanto, así es que debo parar ahora.

5-2-23

Sentada de nuevo en el bosque y deseando hablar con Arakto.

¿Quieres hablar de pensamientos, de tu presencia en nuestras mentes?

**Sí querida, estoy presente en tus pensamientos y los conduzco a la creación.**
**Yo creo lo que has pensado. Soy la fuerza motriz que crea lo que has pensado.**

¿Eres tú quien lo crea?
Es creado por lo que creemos, ¿no es así?

**Tus creencias crean pensamientos, pero soy yo quien los impulsa a la realidad, quien los manifiesta físicamente, querida.**

Vaya, eso es poderoso. ¿Hay algo más que quieras decirnos sobre los pensamientos y tu presencia en la mente, Arakto?

**Me gustaría compartir una experiencia contigo, Illia, en la que puedes elegir participar, o simplemente escuchar lo que te digo.**

¿Cómo puedo participar, Arakto?

Podemos hacer que suceda en tu cuerpo, querida.

¡Vaya, vale! ¿Qué quieres que haga, Arakto?

Cierra los ojos y tómatelo con calma, ponte cómoda y respira profundamente en tu estómago.
Ahora crea un pensamiento que quieras eliminar, Illia.

Sí, ¿que no tengo valor quizás?

Ese pensamiento ya casi ha desaparecido en ti, ya has eliminado muchos de diferentes formas.

Sí, lo he hecho, querido.

Quiero que tomes ese pensamiento y mires hacia arriba en la glándula pituitaria/chakra de la corona y lo coloques con la luz de Cristo.
Toma la luz hacia arriba y presenta la creencia de que no eres valiosa.
Entonces crearé un cambio mientras te enfocas en el centro de tu mente.

Ya no creo eso, elijo creer que soy muy valiosa.

**Entonces, yo lo expreso, querida.**

Me tiembla todo el cuerpo.
Un bonito ejercicio para compartir en el libro.

**Es muy importante, Illia, decirles lo importante que es ser conscientes, para no dejar entrar otros pensamientos.**

Bien, de pronto me llega el sentimiento de que soy valiosa, Arakto. Muchas gracias, Arakto.
Sucedió enseguida, el sentimiento de ser valioso entró en mi cuerpo enseguida.

**Sí, soy un mago, ya sabes.**

Sí, ahora lo entiendo.
Los otros no pueden hacer ese ejercicio sin tu ayuda, Arakto, ¿verdad?

**No, yo debo estar cuando lo haces, porque soy yo quien remueve la vieja falsedad y la reemplaza por una nueva.**
**Nueva creación en tu realidad, querida.**

Nunca hubiera pensado que el elemento del fuego pudiera estar dentro de nuestros cuerpos de la forma que cuentas, Arakto. Me sorprende mucho.

**Lo sé querida, son muy pocos los que tienen el conocimiento que estás obteniendo ahora, ya ves.**
**Así que este libro es muy importante, Illia.**
**Muy importante es, para que la gente sepa quiénes son en realidad.**

Entonces creo que esta canalización de hoy también será incluida en el libro "¿Quiénes somos?" que vendrá más adelante?

**Definitivamente creo que sí, Illia.**

Entonces lo haré.
Muchas gracias, querido.
¿Hay algo más que quieras decirme acerca del nivel de pensamiento?

**Ya he terminado con tu cuerpo, querida. Volvamos a la naturaleza.**

Tiemblo por todas partes cuando usas mi voz y canalizas, querida. Me canso después de unos minutos. ¿Hay algo más que quieras decirme hoy?

**Continuaremos mañana.**

*Ejercicio: Conecta con la chispa divina del amor en tu corazón.*
*Canalizado a mí 25 de diciembre de 2018.*

Cierra los ojos, respira profundamente en tu vientre, coloca tu mano izquierda en tu corazón y siente la energía de tu mano hacia tu corazón. Mira hacia el interior de tu corazón.
Allí verás la luz divina.
Puede ser una pequeña estrella o una llama.
Lleva la luz hacia tu vientre y déjala reposar allí un rato. Luego llévala a tu cabeza. Déjala allí por un rato, llévala hacia tu hombro izquierdo, luego hacia tu hombro derecho, hacia tu brazo derecho, déjala allí por un rato. Luego sube y pasa al hombro izquierdo y sube y baja por el brazo izquierdo. Ahora lleva la luz de nuevo al corazón. Concéntrate en el corazón, luego

envíala ligeramente hacia atrás y guía la luz hacia la columna vertebral.

Envíala hacia arriba y hacia abajo por la columna vertebral, y luego de vuelta al corazón.

Es un muy buen ejercicio que se puede utilizar tan a menudo como sea posible para limpiar el cuerpo del dolor y de la vieja historia.

Cuanto más a menudo lo hagas, más curación obtendrás, y la luz se hará más y más grande.


**6-2-23**

Querido Arakto, ayer nos contaste cómo trabajas con tu fuego en nuestras mentes.

Dijiste que habías terminado de hablar del cuerpo y que ibas a pasar a la naturaleza.

¿Qué quieres decirnos sobre la naturaleza, Arakto?

**Yo soy la creación energética de la naturaleza, Illia.**

¿Qué quieres decir con que eres el que hace crecer las cosas?

Soy parte de la energía que crea el crecimiento. La energía del fuego ayuda a crear crecimiento en la naturaleza.

Los cambios en la naturaleza en muchos planos.

¿Por qué nivel quieres empezar, Arakto?

Quiero empezar por el nivel etérico, fuera del cuerpo humano, en el aura de la tierra.

Hablaré de cómo me manifiesto en el aire que respiras. También hay creación con moléculas cuando inhalas. Como visteis cuando visteis la Luz del Amor Divino y cuando respiráis la Luz del Amor. Yo soy parte de la luz de amor en la tierra.

Yo soy la parte manifestada de esa luz de amor en la tierra y el elemento fuego, Illia.

No he pensado en ello porque uno piensa que todo va solo. Sé que es más complejo, pero no pienso en esos términos.

¿Así que tú también estás ahí en el aire que respiramos y creas cambios en nuestro aire, Arakto?

**Estoy ayudando a crear la energía del amor, para que puedas respirar la energía del amor.**
**Porque como sabes, Illia, todo es amor.**

Se me ha mostrado y he estado en él, ya que seres divinos me han dado la experiencia de que todo es creado por la luz/energía del amor. Eso fue en 1998, y desde entonces no me he deprimido ni un solo día.
Excepto de cuando me angustio por mis propias limitaciones, atascada en viejas creencias.
Es bueno ver que respiramos la energía del amor con cada respiración que hacemos, muy mágico.
¿Qué hay en ese aire de amor, Arakto?

**Soy la fuerza motriz que lo lleva a tu torrente sanguíneo desde tus pulmones, Illia.**

¿Así es que llevas la luz del amor desde los pulmones hasta el torrente sanguíneo junto con el oxígeno?

**Así es, querida.**

¿Hay algo más que quieras decirme acerca del aire en la tierra?

No, eso es todo por ahora. Ahora pasaré al nivel más físico de la tierra.

¿Estás pensando en plantas y animales?

Con los animales ocurre lo mismo que con vosotros, queridos, trabajo de la misma manera que con los humanos.
Pero allí es el reflejo y la intuición lo que ayudo a crear en acción. No tienen pensamientos, los animales no piensan, actúan por reflejos.
Y ahí es donde les ayudo y les facilito la reflexión y la vida por su propio beneficio, junto con el ego de su mente.

¿Así es que los animales y los insectos también tienen ego?

Sí, lo necesitan para sobrevivir, ya sabes, de lo contrario todo sería amor y no sobrevivirían ni un día en la Tierra, querida. Al menos no más de 2-3 días.

¡Claro que sí! Así que la vida vegetal, ¿qué haces con la vida vegetal?

Ayudo al crecimiento de las plantas, querida. Ayudo
con la fotosíntesis, desde la luz hasta el oxígeno y los
nutrientes en la planta.
Soy la fuerza motriz de las plantas.

Que fuerte, ¡nunca pensé que el fuego también pudiera
formar parte del reino vegetal!

Estoy en todo, igual que Fría y Ea están en todo, yo
estoy en todo, Illia.

Estoy empezando a entender eso ahora, Arakto, es
muy fuerte saberlo.
¿Hay otro nivel en el reino vegetal donde trabajas?

No, eso es lo que hago en el reino vegetal.

¿Y en el reino mineral, querido?

Llego a eso ahora, querida.
También estoy en el reino mineral en la creación, y ahí
volvemos a la lava, Illia. Entonces estoy dentro de la
tierra, donde ayudo a enviar la lava hacia arriba con
el poder del fuego para hacer que la lava salga fuera
de la tierra.

¿Entonces no estás dentro de las rocas?

**Mi memoria está en los cristales, Illia.**

¿Así que el elemento fuego está guardado en los cristales?

**Absolutamente querida, estoy almacenado en la historia de los cristales, allí está almacenado mi ser y mi creación.**

¿Así que por eso podemos poner energía superior en las piedras? ¿Porque la creas con tu energía en cristales/piedras?

**Así es querida.**

¿A medida que manifiestas nuestros pensamientos en la creación, también está en los minerales en la creación allí?

**Absolutamente querida. Pero está en un nivel mucho más profundo en la tierra de donde surge la lava. La lava viene del interior de la tierra, con el magma líquido que sube. Y así creo cristales a lo largo de todo el camino con mi fuego, mi poder creativo.**

¿Trabajas también en el interior de la tierra?

Dentro de la tierra creo oscilaciones con mi fuego, mi poder creativo.
Tanto en el reino de los elfos, como en el de los ángeles y en el de los trolls.
Al mismo nivel tuyo, pero en otra realidad, en otro nivel de conciencia.

¿Así que trabajas en todos los niveles en seres con conciencias?

**Así es, querida.**

Gracias, querido, puedo sentir cómo me curas por todo el cuerpo. Adiós por ahora.

**Nunca habrá un adiós con nosotros, Illia, eres una con nosotros todo el tiempo, ya ves. Después de que te pusiste en contacto con nosotros, nos convertimos en uno en un nivel muy específico. En el nivel angelical somos uno todo el tiempo mi querida hermana.**

Querido Arakto, muchas gracias por ayudarme ayer con mis pensamientos. Hoy realmente me siento más

valiosa, sólo lo he hecho por un momento una vez,
después de una asignación que recibí de Serafín en el
avión donde envié amor a las nubes.
Serafín me dijo que entonces llovió amor a la tierra. El
agua de nuestro cuerpo también recibió amor porque el
agua tiene memoria.
Es muy mágico.
Me pondré en contacto contigo para que me ayudes
con viejas creencias.

**Si hazlo..**

Adiós por ahora, querido ángel de fuego Arakto.

Gracias Razul

**Gracias, padre y madre Dios, principio rector del
amor que me llena y de todo lo que ES.**

**Pregunté a mis maestros cuando empecé a canalizar
en 2018, ¿qué eran los pequeños arco iris?**

¡Somos nosotros los ángeles cuando terminamos de viajar por los universos!

Me siento tan honrada de tener la gran confianza de los elementos para que me elijan para canalizar su sabiduría en este hermoso planeta físico.

Nosotros, los cuatro elementos de la tierra, queremos desearles a todos que se conecten con nosotros.
Así podremos ayudaros en vuestras vidas.

Y recuerden, esperamos ansiosamente su contacto y estaremos encantados de conversar con ustedes.

Cuando os pongáis en contacto con nosotros, recordad que es en vuestro corazón donde llega la voz, y sólo ahí podréis escuchar nuestra sabiduría.


Gracias Dios, gracias Seraphim y gracias Osiris.
Es tan poderoso estar los cuatro juntos.

Mis libros canalizados

"Mi camino desde el acoso hacia el amor" es mi
historia de vida, con experiencias paranormales desde
que era pequeña. Las canalizaciones con mis maestros
me ayudaron a superarlo de forma física y espiritual.

"Osiris libro 1", es sobre el Dios egipcio Osiris de Sirio.
Él es mi alma de misión de vida que me envía en
misiones alrededor del mundo.
Allí, Osiris crea líneas que sostienen la tierra en su
viaje oval en el universo.

"1. con el alma", en ese libro, donde sigues mi viaje
hacia la unidad con mi alma/ser superior arcángel
Serafín, ángel guardián de los musulmanes, al igual
que el cristianismo tiene al arcángel Miguel como ángel
guardián.

"Planetas y realidades"
Aquí Serafín canaliza su sabiduría, y tenemos
conversaciones y viajes en otros universos.

No dude en ponerse en contacto conmigo por correo electrónico si tiene alguna pregunta.
Correo electrónico: aandevokter@gmail.com

Me encantaría compartir los libros que me han llevado por nuevos caminos de conciencia.

"La vida y las enseñanzas del oriental del lejano oriente" 1-3
Baird T. Spalding

El libro 1 se puede leer gratis en inglés.
También puedes encontrar el libro 1 en youtube.com.
Hay 2 lectores, y las mujeres son más emocionales al leer.

"Viaje a la naturaleza"
"Viaje a la unidad"
Michael J. Roads

"Ramtha"
J. Z. Knight


Contraportada

Imagen y texto sobre mí como en el libro "Planetas y realidades".

© 2024 Illia Haugerud
Editorial: BoD · Books on Demand,
Calle de Manzanares, 4, 28005 Madrid,
bod@bod.com.es
Impresión: Libri Plureos GmbH,
Friedensallee 273, 22763 Hamburg
(Alemania)
ISBN: 978-84-1373-979-3